Les Chants de la Forêt

Joachim Gasquet

Le portail des sciences humaines et sociales
Illustration de couverture : © domaine public
Edition : SHS éditions (Hérault, 34)
Contact : infos@culturea.fr
Imprimé en Allemagne par Books on Demand
In de Tarpen 42, Norderstedt.
Design typographique : Derek Murphy
Layout : Reedsy (https://reedsy.com/)
ISBN : 9791041921041
Dépôt légal : Avril 2023

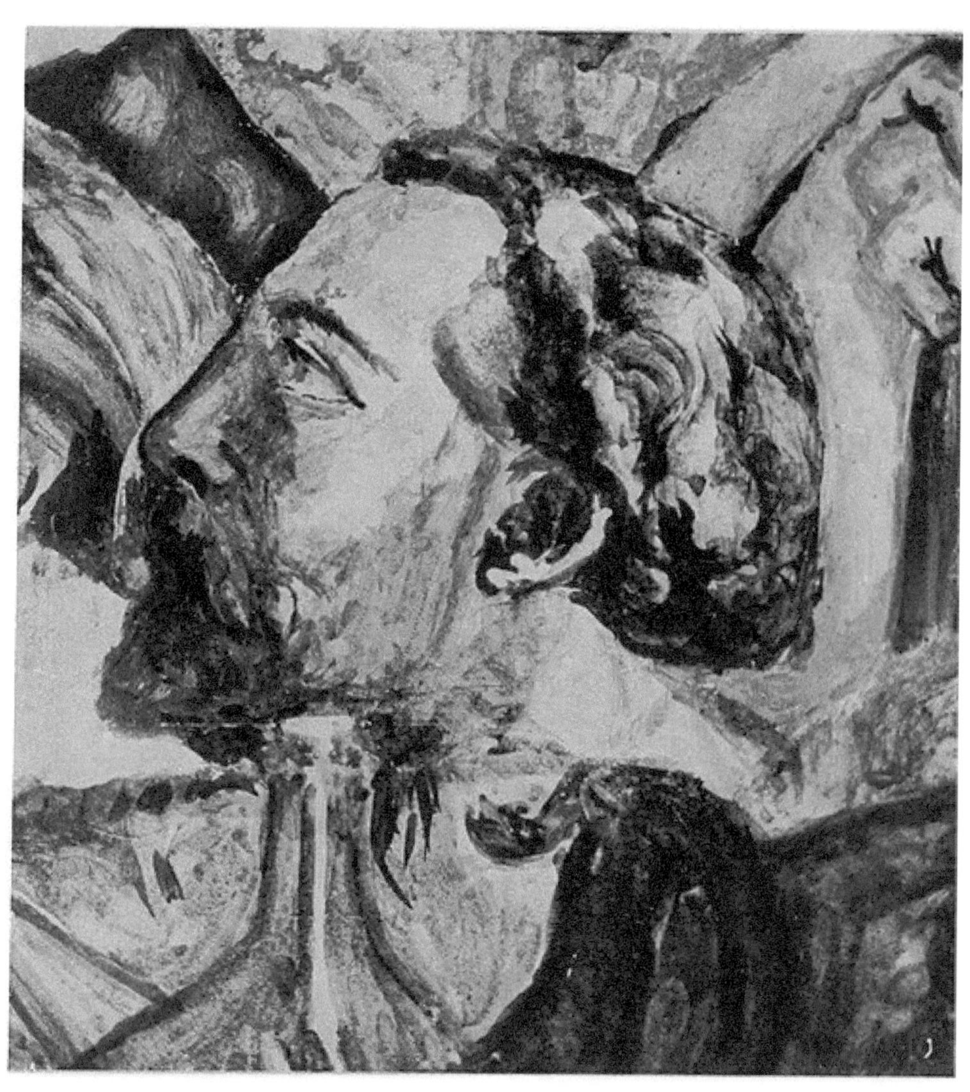

Illustration pour Les Chants de la forêt, 1922, p. 10

JOACHIM GASQUET

D'APRÈS ALFRED LOMBARD

- XV — *Dans ta sève insultée, ô doux arbre d'amour*
- XVI — *Mon Amour triste et pur, mon Amour sans espoir*

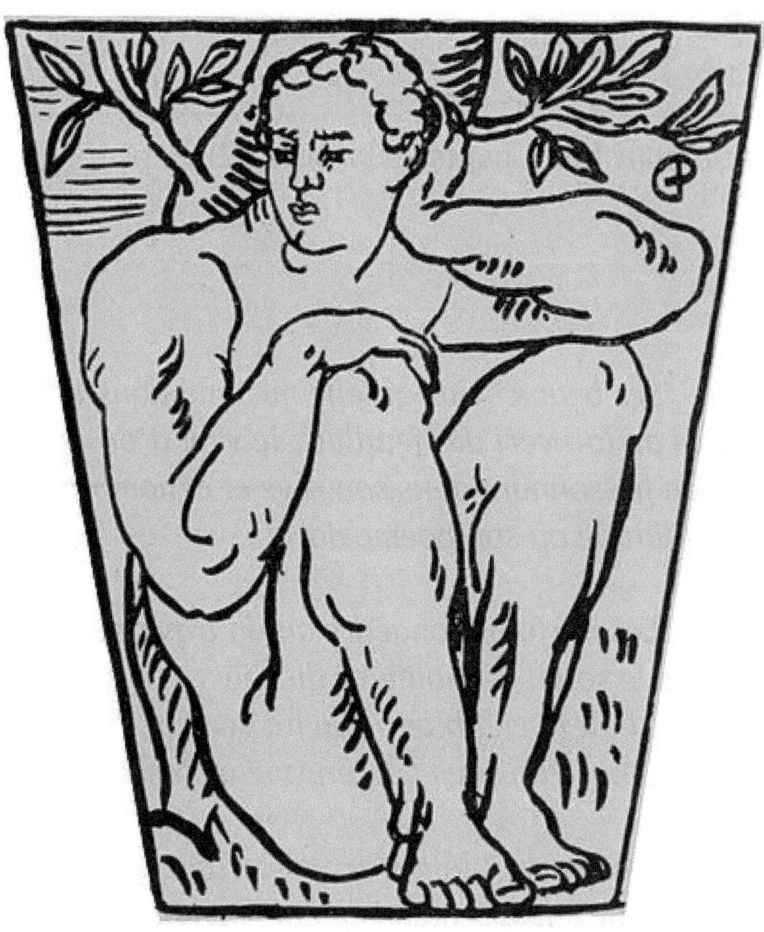

Illustration pour Les Chants de la forêt, 1922, p. 35

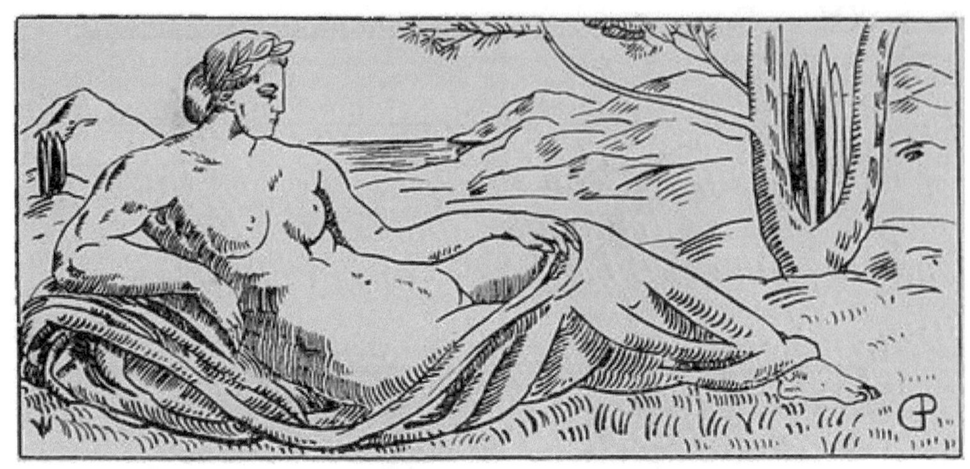

Illustration pour Les Chants de la forêt, 1922, p. 13

I

Elle est là… Ses beaux seins qu'elle me tend dans l'ombre
Sont gonflés du lait vert des feuilles ; le vent d'or
S'enfonce en frissonnant dans son rêve et dénombre
L'auguste solitude où son poème dort.

Elle est là… Les parfums songeurs qui la traversent
Flottent dans le soleil consolateur du soir
Et son silence boit le ciel blanc que lui versent
Les étoiles, quand Pan sous ses pins vient s'asseoir.

Il coupe deux roseaux, il laisse errer son âme…
Est-ce son souffle ? je m'entends pleurer en lui.
Chaque arbre est couronné d'une pensive flamme ;
Sous les pleurs de Phœbé toute la forêt luit.

Elle tremble, elle court, en dénouant sa robe,
Au-devant du matin qui palpite d'oiseaux.
Elle roule avec lui sur les épis de l'aube ;
Autour d'eux danse et rit la ronde des coteaux.

Autour d'eux les vents bleus emplissent leurs corbeilles
De rayons et d'odeurs, de souffles et de chants.
Elle est là… Son grand cœur est bourdonnant d'abeilles.
Toute son âme court dans ses sentiers flottants.

Sur sa couche de fleurs, au-dessus de son rêve,
Sous se cheveux défaits ses yeux de biche ont l'air
De contempler un corps tout nourri de sa sève,
Et qu'ébauche en passant chaque baiser de l'air.

Et soudain ses fraîcheurs, sa splendeur caressante,
Sa tendre ivresse, ses murmures, son émoi,
Ses sources, ses frissons, l'appel de chaque sente
Prennent forme… Un visage… Ô mon amour, c'est toi !

II

Ô ma forêt !... C'est toi, quand mon mal me dévore,
La vive hamadryade au rire de ruisseau.
Sous ta chair coule, enfant, le doux sang de l'aurore ;
Tes beaux pieds de rêveuse ont la fraîcheur de l'eau.

Tous les oiseaux du soir nichent dans ta pensée,
Mais que fuse l'appel de ton rire argentin
Et le monde t'entend, cœur nourri de rosée,
Et la terre s'éveille aux bras bleus du matin,

Et toute la forêt silencieuse et douce
Laisse sur tes genoux aller son front rêveur,
Et des sèves en fleurs et de l'herbe qui pousse
Monte un chaste parfum qui t'embrase le cœur.

III

Les grands rochers moussus que les arbres caressent
Sont la table embaumée ou s'assoient les saisons ;
Pour les errants du ciel les aurores y dressent
Un quotidien festin de fleurs et de rayons.

À la table des rocs les oiseaux viennent boire,
Mais moi Je n'ose pas, lorsque je vois le soir
Les couvrir lentement d'une nappe de gloire,
À ce divin banquet, homme, venir m'asseoir.

Les mets spirituels qu'à ce repas on mange
Les cœurs purs et les dieux peuvent seuls s'en nourrir.
On y boit le pardon dans la coupe de l'Ange,
Le martyre d'aimer, la splendeur de mourir.

Moi que mens sens épais retiennent à la terre,
Vierge enfant que j'adore, ah ! prends-moi par la main.
Fais-moi communier aux coupes du mystère, —
Redonne-moi, Forêt, le goût du pain humain.

IV

Sous les bois, que la lune a peuplés de colombes,
La nuit s'est endormie, un vague amour se meurt…
Âme, mon âme tu succombes
Sous le doux poids de ta douleur.

Le vitrail enchâssé dans les plus hautes branches
Ouvre un ciel angélique à tous ces blancs soupirs…
Que vous veulent ces formes blanches.
Ô mes pauvres, pauvres désirs ?

Quand monte et s'élargit l'aurore de la lune
Les bois agenouillés pâlissent de ferveur…
Il n'est pas de pire infortune
Que d'aimer sans avoir de cœur.

Les trésors gaspillés de notre intelligence
Passeront, plus perdus qu'un soupir dans les bois…
Silence, mon enfant, silence !
La pâle lune joint nos doigts.

V

Dans la forêt la pluie heureuse
S'est enfoncée en folâtrant ;
Dans l'ombre verte d'une yeuse
Tinte son rire transparent.

Un peu de soleil la caresse ;
Elle s'endort, et quand tout bas
Le vent l'éveille avec tendresse,
Elle fond en pleurs dans ses bras.

Et moi, Vie, ô Vie immortelle,
Mon pauvre cœur émerveillé
Éclatera de pleurs comme elle
Quand ton pardon va m'éveiller.

VI

La forêt met en moi son âme pacifique…
Comme ma vie est loin ! comme Paris a fui !
Est-ce moi que ce dieu, père à la sève antique,
Moi que ce chêne a pris et berce contre lui ?

L'âme de la forêt est faite de silence,
De prières, de fleurs et de rêves d'oiseaux…
Un nid abandonné contre moi se balance ;
En lui pour y mourir se blottissent mes maux.

Tout l'afflux végétal des vastes origines
Recoule dans mon sang soudain purifié,
Comme l'arbre et le blé nos jours ont leurs racines,
Dans l'ordre universel rien n'est sacrifié.

À Dieu caché qui croit, à la bonté qui germe,
À tout ce que l'azur dans mon être a semé,
À tout ce qu'un cœur d'homme en ses parois enferme,
Arbres, ma sève a foi, — vous m'avez pardonné.

VII

L'âme de la forêt est faite de silence,
D'extases de parfums et d'extases d'oiseaux.
Un psaume apitoyé de sourde pénitence
Monte de l'herbe chaude et des pensives eaux.

J'entends confusément mon cœur ému se plaindre
Avec tout ce qui souffre au cœur de la forêt…
Le lierre m'étouffait que je croyais étreindre ;
Sous l'orgueil déchiré quel tronc grave apparaît !

Sur la mare embrumée où traînent les feuillages
Un visage se penche au mien presque pareil,
Un visage entrevu, monté du fond des âges,
Mais fait de charité, de calme et de soleil.

C'est l'amer Repentir qui, le doigt sur La bouche,
Me regarde et me dit : « Ta dureté n'est plus.
Vois comme la langueur du monde qui te touche
D'un miel spirituel emplit tes sens confus.

Une amitié te vient pour toute pauvre chose,
Tout geste humain t'émeut, ta vanité n'est plus.
Béni soit sur Le front où le pardon se pose
Le signe épanoui des plus humbles vertus… »

Comme il parlait encore, exaltés par les larmes
Mes yeux le virent, l'Ange, ô mon enfant, c'est toi…
Âme de la forêt, dans l'ombre des grands charmes,
Tu me tendais l'anneau nuptial de ta foi.

VIII

Une boule d'odeurs traverse la forêt,
La joie est dans les pins que le soleil inonde,
L'ombre palpite, et moi… moi, mon cœur, je mourrai,
Murmure, les yeux clos, mon Espérance blonde.

Brusquement cette idée a déchiré son sang.
« Bon chêne qui souris dans la verte lumière,
Combien de jours, dis-moi, restent à ce passant
Qui sur lui voit son mal comme sur toi le lierre ? »

Elle ne m'a rien dit, mais le mot murmuré
Obscurément au fond de son âme charmante
Je l'entends, bruissant dans toute la forêt,
Qui, sur elle abattu, la berce et la tourmente.

Nous mourrons… Elle a pris mes doigts entre ses doigts ;
Il fait pur ; dans nos cœurs un sang heureux abonde….
Et la menace est là, sur nous et sur les bois :
L'été resplendissant n'en défend pas le monde.

Une goutte qui tombe, une tempe qui bat,
Dans un flot de soleil l'ombre d'une pensée,
Et c'est, dans la forêt, une âme qui s'en va…
Aux yeux de l'Ange perle une vague rosée.

Je ne pleurerai pas, disait jadis mon cœur,
Et l'amour est venu qu'accompagnent les larmes.
Puisque celle qu'on aime et qui vous aime meurt,
Pleurez, mes yeux, pleurez ! la douleur a ses charmes.

IX

L'amour sur mon cœur a pris sa revanche…
La main dans sa main je vais, et je vois
La vaste bonté qui de branche en branche
Circule et se lève au fond des grands bois.

Un calme pardon tombe sur la mousse…
Alors que marqué du signe d'ennui
Même ma maison parfois me repousse,
Un vaste pardon tombe avec la nuit,

Dans la forêt haute où de sève en sève
Circule l'appel d'un maître indistinct,
Quand la lune rôde et Le vent soulève
À demi le voile ému du destin.

X

L’ébauche de ma mort que cisèle en rêvant
L’esprit de la forêt qui passe dans le vent,
L’ébauche de ma mort dans mon sang se devine.
J’entends bondir mon cœur qu’une main déracine.
Je vois pleurer mes yeux que console un baiser,
Le ciel de toutes parts dans mon être apaisé
Entre à flots comme l’air dans les branches d’un arbre.
Je sens ma volonté se durcir comme un marbre
Et brusque fondre en pleurs entre les bras de Dieu.
Le pardon a sur moi mis ses lèvres de feu…
Je ne suis plus qu’encens, je ne suis plus que rêve…
Dans la forêt d’Éden je ne suis plus que sève.

XI

Je ne suis plus que sève au cœur de la forêt,
Je songe obscurément au pin que je serai,
À l'odeur de ma voix dans le concert champêtre…

Je songe à l'homme heureux que mon sang pourrait être.
Il ouvrirait sur tout des regards étonnés.
D'une telle douceur ses sens à peine nés
Accueilleraient partout la bonté vagabonde
Qu'il sentirait en lui l'innocence du monde
Germer avec les fleurs et les yeux des enfants.
Il n'aurait, dans l'ardeur de ses mots triomphants,
Dans sa joie à connaître et nommer toutes choses,
Que l'émoi de la mer et que l'éclat des roses.
Il serait pur. Il serait juste. Il serait vrai.
Il baisserait le front lorsqu'on le haïrait,

Sentant confusément que ce serait sa faute ;
Mais je crois qu'il trait toujours la tête haute,
Car personne ne hait les chênes dans les bois :
Et lui serait comme eux doux et fort à la fois.

Ainsi dans la forêt pleine d'odeurs et d'ailes,
Quelqu'un rêve… quelqu'un que tu sais bien, mon cœur,
Depuis que visité par l'Être de douleur,

Dans l’été de la mousse et des sèves fidèles,
Tu bois l’amour de tout aux sources éternelles.

XII

Le rossignol m'a dit en songe :
« Je suis l'extase du désir…
Tout, hors l'amour, n'est qu'un mensonge.
Vivre sans aimer, c'est mourir.

Et mourir, c'est aimer encore,
C'est brûler en un ciel plus beau,
Qu'on soit rosée avec l'aurore,
Qu'on soit frisson avec l'oiseau… »

La lune ardente dans les chênes
Monta dans les cris du chanteur.
IL dit : « La lune boit mes peines.
Je suis l'extase de son cœur… »

Et dans la forêt extatique
Quand ma souffrance s'envola,
Tout n'était que mort et musique…
Et le rossignol m'éveilla.

XIII

Le Souverain Mal vient entre les branches,
Le Souverain Mal m'entre dans le cœur.
Charité d'azur qui sur moi te penches,
Merci, ma Douleur !

Les oiseaux du soir chantent dans les chênes
La douceur d'aimer avant de mourir.
Agenouillez-vous, voluptés sereines
De mon repentir.

Le Souverain Bien luit entre les branches,
Le Souverain Bien naît de ma douleur.
Toi qui l'as brisé, vierge aux ailes blanches,
Emporte mon cœur.

Les odeurs du soir traînent dans les chênes ;
De la forêt monte un vaste soupir.
Sur quoi pleurez-vous, peines, ô mes peines,
Avant de mourir ?

Le Souverain Mal monte entre les branches.
Le Souverain Bien entre dans mon cœur.

XIV

Ô Daphné, j'ai senti battre ton cœur vivant.
Les arbres caressés par le soleil levant
Écartent pour te voir leur long voile de brume.
La source te sourit, le matin te parfume,
Et ton sang déchiré refleurit doucement.
Tu hésites, mais moi, c'est le divin moment
Où, sanglot du laurier, dans mes bras je t'accueille.
Ô mon amour, c'est toi, qui mets ta main de feuille
Sur mes yeux repentants et mon cœur ruiné.
Je rêvais autrefois de mourir couronné
Et d'avoir près de moi, sur ma couche de gloire,
Les Muses pour pleurer, pour chanter, la Victoire.
Je ne connaissais pas les douceurs de l'amour.
Chaque aube, maintenant, implorant ton retour,

Je meurs de soif, ma vie, au bord de la fontaine.
Le rossignol s'endort dans les branches du chêne.
Un frissonnement vague emplit le bois profond…
Et moi qui ne sais plus ce que les hommes font,
Ce que Paris là-bas construit, ravage et pense,
Je me perds au meilleur du sylvestre silence
Et couché sur la mousse, en un demi-sommeil,
J'attends que de ma mort se lève le soleil.

XV

Dans ta sève insultée, ô doux arbre d'amour,
Tu fleurie tristement en ceux qui te dédaignent,
Et c'est un dieu pourtant sous tes feuilles qui saigne.
J'ai peur d'avoir blessé ce dieu tendre, à mon tour.

La pensive forêt que le soleil caresse
D'un œil mélancolique où hésite un regret
M'accueille, sans me voir, dans sa verte détresse.
Le doux arbre d'amour n'est pas dans la forêt.

Il n'est pas dans les parcs pleins d'odeurs lumineuses.
Les lunaires jardins au bleu fourmillement
Cherchent en vain son ombre en leurs ombres heureuses…
Il pousse dans les cœurs qui pleurent tendrement.

XVI

Mon Amour triste et pur, mon Amour sans espoir,
Car il n'est pas nourri des choses de la terre,
Est venu loin de tous, dans mon âme s'asseoir
Et m'a, d'un doigt rêveur, fait signe de me taire.

Toute la forêt vague autour de nous rêvait ;
Les arbres, crépuscule embaumé de lumière,
S'entrouvraient, et le jour, des fleurs à son chevet,
Sur la mousse couché, dormait dans la clairière.

Le jour et ma douleur achevaient de mourir…
Mais lui, mon doux Amour, se penchant sur leur couche
Comme pour prolonger leur suprême soupir,
Sur leur dernier regard mit en tremblant sa bouche.

Fontainebleau,
Juillet-Août 1920.